AF338076

DISCOURS

POUR LA FÊTE ANNIVERSAIRE

DU RÉTABLISSEMENT DU CULTE CATHOLIQUE.

DE L'IMPRIMERIE DE CRAPELET,
rue de Vaugirard, n° 9, près l'Odéon.

DISCOURS

POUR LES FÊTES RÉUNIES

DE L'ANNIVERSAIRE DU RÉTABLISSEMENT DU CULTE CATHOLIQUE EN FRANCE,

DE L'ASSOMPTION DE LA SAINTE VIERGE,

ET DE SAINT NAPOLÉON,

Prononcé dans l'Église métropolitaine de Paris, le dimanche 15 août 1813,

Par M. L'ÉCUY,

Ancien Abbé général de Prémontré, Docteur de Sorbonne, Aumônier ordinaire de LL. MM. le Roi et la Reine d'Espagne, et Chanoine honoraire de Notre-Dame;

En présence de S. Ém. Monseigneur le Cardinal - Archevêque nommé de Paris, de S. Exc. le Grand Chancelier de la Légion d'honneur, de Sénateurs, des Cours impériales de magistrature, et des Autorités civiles et militaires.

A PARIS,

Chez DESRAY, Libraire, rue Hautefeuille, n° 4.

1813.

DISCOURS

POUR LA FÊTE ANNIVERSAIRE

DU RÉTABLISSEMENT DU CULTE CATHOLIQUE,

Prononcé à Notre-Dame, le dimanche 15 août 1813.

Oblivioni tradidit Dominus in Sion festivitatem et sabbatum.

Le Seigneur a permis que, dans Sion, l'on oubliât son culte et ses solennités.

THREN, *Ch. II, v. 6.*

C'EST avec ces accens plaintifs, qu'autrefois un prophète déploroit les maux de sa patrie, succombant sous le poids de l'indignation du Seigneur, et punie de ses longues prévarications. Il voyoit le trouble dans Sion, ses murs détruits, ses rues solitaires; ses vierges défigurées, ses prêtres gémissans; le temple profané, les autels renversés, le trône abattu, les ennemis de son Dieu en possession des saints parvis; et à la vue de ce triste spectacle, son

1

cœur étoit brisé de douleur. Le Seigneur, s'écrioit-il d'une voix lamentable : Le Seigneur a permis que dans Sion , l'on oubliât son culte et ses solennités ; *oblivioni tradidit Dominus in Sion festivitatem et sabbatum.* Il a répudié son autel , *repulit altare suum.* Il a livré le trône et le sacerdoce à l'opprobre et à l'ignominie ; *tradidit in opprobrium et in indignationem furoris sui regem et sacerdotem.* Il a maudit son sanctuaire ; *maledixit sanctificationi suæ.* Et d'où venoient , Chrétiens qui m'entendez , d'où venoient tous les maux qui accabloient les enfans d'Israël ? Pourquoi Dieu les punissoit-il ? Pourquoi son bras vengeur s'étoit-il appesanti sur le peuple de son choix ? C'est, dit le même prophète , que l'iniquité de la fille de Sion étoit devenue plus grande que le péché de ces villes impies (1), qu'autrefois Dieu avoit renversées dans son juste ressentiment ; c'est que ses saintes lois étoient continuellement violées, et que l'abomination, comme

____

(1) *Et major effecta est iniquitas filiæ populi mei, peccato sodomorum, quæ subversa est in momento.* (THRENI, IV , 6.)

un grand débordement, avoit inondé la ville sainte. C'est, en un mot, à cause de la multitude de ses crimes. *Propter multitudinem iniquitatum ejus* (1).

Dieu rejette donc les sacrifices des siens quand ils l'oublient (2). Il ne veut plus de leur culte lorsqu'il est devenu sacrilége. Il lui importe peu que ses fêtes soient désertées, que ses temples soient profanés ou détruits, qu'un morne silence règne, ou même que des bouches impies l'outragent dans des lieux qui auparavant retentissoient des chants sacrés ; cela lui importe peu, ou du moins il permet et souffre toutes ces choses : *Deus patiens est in illis* (3). Il les souffre, parce que dans son éternité (4), elles n'ôtent rien ni à son repos ni à sa gloire ; il les souffre pour laisser au pécheur le temps de se reconnoître ; il les

---

(1) Threni, 1, 5.

(2) *Non respiciam ultrà ad sacrificium nec accipiam placabile quid de manu vestra.* (MALACH. t. 11, 13.)

(3) Eccli. xviii, 9.

(4) *Deus patiens quià æternus.* (S. AUG.)

souffre comme un père irrité , qui bannit de sa présence des enfans coupables , jusqu'à ce qu'ils rentrent en eux-mêmes ; il permet et souffre toutes ces choses pour faire éclater sur les peuples, ou sa miséricorde , s'ils se repentent, ou toute la rigueur de sa justice , après que , frappés de l'aveuglement dont parlent les livres saints , ils auront comblé la mesure , et forcé pour ainsi dire le Dieu des vengeances à exécuter sur eux l'arrêt prononcé dans sa colère. *Deus patiens est in illis.... ad faciendam vindictam in nationibus* (1).

L'Histoire sainte, Messieurs, est pleine d'exemples frappans de cette justice de Dieu exercée sur les peuples. Les enfans d'Héli prévariquent dans les fonctions sacerdotales ; ce n'est pas seulement sur eux que Dieu venge l'insulte faite à la sainteté de son ministère. L'armée d'Israël est battue ; trente mille guerriers restent sur le champ de bataille (2); Dieu permet que

(1) Psalm. CXLIX, 7.

(2) I. Reg. IV, 11.

(5)

l'arche sainte tombe au pouvoir des ennemis,
et que ce signe sacré de son alliance, auquel
Oza (1) ne put toucher sans être frappé de
mort, conduit dans le temple de Dagon, y soit
souillé par l'approche de cette idole impure.

Après avoir été le plus sage des hommes,
Salomon s'abandonne à de folles amours. Par
complaisance pour des femmes étrangères, il
adore Astarté, il fléchit le genou devant Cha-
mos et Moloch (2); Dieu divise son héritage;
dix tribus s'en séparent, et le royaume d'Iraël
s'élève contre celui de Juda.

Jéroboam, parvenu à la royauté, fait dresser
à Bethel et à Dan des autels impies (5). Sous
ses successeurs, la corruption et l'idolâtrie se
perpétuent; Salmanasar est l'instrument que
Dieu choisit pour sa vengeance. Ce prince
ruine Samarie, emmène les dix tribus captives

(1) ii. Reg. vi , 7.
(2) iii. Reg. xi , 7 – 12.
(3) iii. Reg. xii , 28.

avec Osée leur roi (1). Elles sont dispersées sans retour, et le royaume d'Israël est détruit.

La plupart des rois de Juda imitent la conduite coupable de ceux d'Israël. En vain les prophètes les avertissent et les menacent. Ils persistent dans leurs prévarications. Dieu livre eux et leur peuple aux Chaldéens. Nabuchodonosor renverse leur capitale de fond en comble, brûle le temple après en avoir enlevé les richesses (2), et Baltassar, son petit-fils, prostitue les vases du sanctuaire, en les faisant servir de coupes dans l'une de ses honteuses débauches (3).

Les frères du grand-prêtre Onias mettent à l'encan la grande sacrificature. Au moyen d'infâmes marchés, elle passe successivement sur la tête de ceux qui offrent la plus haute enchère. Sous ces pontifes sans foi, les mœurs se corrompent ; l'un d'eux pousse l'impudeur

---

(1) IV. Reg. XVII, 4.

(2) IV. Reg. XXV, 13 et seq.

(3) Daniel, v. 3.

jusqu'à envoyer à Tyr une somme d'argent pour aider aux frais d'un sacrifice à Hercule (1). Dieu manifeste sa colère par des signes dans le ciel, il suscite Antiochus; ce roi pille et brûle Jérusalem, proscrit le culte de Moyse, souille le temple en faisant élever sur l'autel la statue de Jupiter olympien (2), et veut forcer les Juifs à sacrifier à cette idole.

C'est donc un point de doctrine appuyé de nombreux exemples tirés des saintes Écritures, que par une sorte de solidarité, dont il ne nous est pas donné de pénétrer le mystère, mais qui n'en est pas moins réelle, Dieu venge sur les peuples les fautes des rois, et sur les rois les fautes des peuples; qu'après avoir long-temps souffert leurs outrages, il les rejette de devant lui, et permet qu'ils tombent dans l'aveuglement et le délire, avant-coureurs certains de ces révolutions dont il appelle sur eux le fléau, pour les ramener à lui; non qu'il ait

---

(1) ii. Machab. iv, 19.
(2) ii. Machab. vi, 2.

besoin ni d'eux, ni de leur culte; mais parce qu'il est infiniment bon, et que sa justice n'étant pas moindre que sa bonté, il satisfait également à l'une et à l'autre, en punissant le crime, et en châtiant sa créature, pour qu'elle se repente, et qu'il lui pardonne.

Ces principes, fondés sur le texte et l'esprit des saints livres, nous donnent mieux que la politique, la clef de ces grands événemens qui nous étonnent dans l'histoire; de ces commotions fameuses qui ont brisé tant de sceptres, changé si souvent la face des empires, renversé d'anciens trônes pour en élever de nouveaux sur leurs débris, et fait se succéder l'une à l'autre, presque toujours avec d'horribles secousses, les différentes formes de gouvernement. Ils nous révèlent la cause secrète, qu'on essayeroit vainement de chercher ailleurs que dans les desseins du ciel, de cette démence frénétique qui s'empare quelquefois des nations, de cette inconcevable extravagance qui leur fait préférer à l'expérience du passé, des nouveautés dangereuses, et à une administration éprouvée au creuset du temps, des abstractions politiques, qui les précipitent dans l'anarchie et dans tous les écarts qui en sont la suite; châtimens remarquables, qu'on a toujours vus suivre le renversement de la morale, et le mépris de la religion, qui toujours sont visiblement empreints du sceau de la colère divine, et dont, hélas! nous avons vu de nos jours se renouveler sur nous-mêmes, le triste et déplorable exemple.

Pour nous convaincre de cette vérité et de son application à ce qui nous concerne, il suffit, Messieurs, de jeter un coup-d'œil sur le siècle dernier: A de longues années d'un gouvernement qui ne fut pas sans gloire sous un grand et pieux roi, succède une minorité, temps de licence marqué par le plus scandaleux débordement. Le vice et la débauche marchent à front découvert; on fait gloire des plus honteux excès, des mœurs les plus dissolues : au libertinage du cœur se joint bientôt le libertinage de l'esprit. Semblable à ces nuées d'insectes, instrumens de ravage, précurseurs de contagion, qu'un vent funeste jette par fois sur de malheureuses contrées, où elles portent la désolation, une foule de livres dangereux inonde la France et y achève l'œuvre de la corruption. Tous les principes sont attaqués dans ces ouvrages pernicieux. On y met en avant que la révélation est une folie, et la religion un vain épouvantail, propre tout au plus à effrayer des enfans et des âmes foibles. On y enseigne que tout meurt avec le corps, que le juste et l'injuste ne sont que des conventions; que le grand mobile, le seul motif raisonnable des actions humaines est l'intérêt personnel; que les rois n'ont d'autre autorité que celle que les peuples leur donne, et que ceux-ci sont les maîtres de la reprendre à leur volonté; que dès qu'on se croit opprimé, la révolte est non-seulement un droit, mais encore un saint devoir, qu'on ne peut trop se presser de remplir.

Évangile du Christ, religion de douceur, de paix, de charité! Religion d'espérances consolantes, de respect pour les lois, de soumission aux pouvoirs que Dieu a établis! Voilà donc les dogmes étranges qu'on prétendoit substituer à vos saints préceptes, à vos sages et divines maximes !

Elles ne furent que trop entendues ces leçons d'impiété et d'insurrection ; elles ne furent que trop entendues et trop mises en pratique. L'autorité du prince étant une fois avilie, la morale corrompue, et le frein des principes religieux resté sans force, il étoit impossible que l'ordre public ne subît pas une prompte désorganisation. Aidés de la multitude, toujours avide de changemens, des forcenés saisissent le timon des affaires et dominent par la terreur. Dès-lors, c'est un torrent qui se déborde. Tout n'est plus qu'égarement, fureur brutale, rage féroce : les échafauds se dressent, les listes de proscription se forment. La fortune, les talens, la vertu, les anciens services ; la foi des premiers sermens, l'attachement à son Dieu, sont des délits qu'on punit du gibet ou du bannissement dans des terres inhospitalières. On en veut surtout à la religion. Dieu, pour me servir de l'expression de Bossuet (1), Dieu a donné aux méchans la force contre le sacrifice perpétuel. Ils livrent à

____

(1) Discours sur l'Histoire univ. seconde partie.

la dérision, ils traînent dans la fange les choses sacrées, objets naguère de respect et de vénération. Plus impies que Baltassar, ils font servir aux plus rebutans usages les vases du sanctuaire. Ils poussent la folie jusqu'à chasser Dieu de ses temples, jusqu'à faire des maisons du Christ, le théâtre des plus odieux scandales et d'abominations dont les annales des peuples fournissent à peine quelques exemples.

J'ai vu tous les lieux saints de cette grande capitale dans cet état de profanation. J'ai vu leurs frontispices chargés d'inscriptions qui les consacroient, les uns au commerce, à l'industrie, à une gloire mondaine; les autres à la pudeur qu'on y outrageoit; à la piété filiale, dont on avoit sappé les fondemens; à la liberté, dont on ne connoissoit que l'abus; à je ne sais quels autres êtres fantastiques; et je me demandois...si la France étoit donc redevenue païenne, ou si, sortis comme autrefois de leurs forêts, de nombreux essaims de barbares l'avoient de nouveau conquise.

Peindrai-je la sacrilége horreur du culte

rendu jusque sur cet autel, dans la personne d'impudiques créatures, à une prétendue déesse de la raison; et dans ces incroyables et monstrueuses folies, par lesquelles un déplorable aveuglement, ou plutôt la corruption portée au comble, imaginoit pouvoir remplacer le culte le plus pur, les cérémonies les plus saintes, les hommages les plus dignes du Créateur, laisserai-je entrevoir, ô honte! la raison, ce bel attribut de l'homme, descendue, ravalée au dernier degré d'abjection et d'abrutissement?

Rappellerai-je les sépulcres violés, les mânes des ancêtres abandonnés aux outrages, la cendre des rois dispersée, la grande ombre de Turenne troublée dans le repos de sa tombe? Parlerai-je des cadavres arrachés aux asiles sacrés de la mort, des plus respectables dépouilles foulées aux pieds, des restes précieux de l'humble et illustre Vierge (1), bienfaitrice et patrone de cette cité populeuse, livrés aux flammes sur la place destinée aux exécutions des criminels, aux cris hideux d'un public abusé, qui, dans

(1) Sainte Géneviève.

d'autres temps, suivoit avec dévotion et re-
cueillement leur marche triomphale?

Grâces en soient rendues au Gouvernement
sous lequel nous vivons ! il n'est plus besoin
de courage, Messieurs, pour parler de ces
absurdes fureurs, avec le sentiment d'indignation qu'elles inspirent. J'ai pu, je devois
en parler devant un auditoire distingué, également ami de l'ordre, de la religion et des
mœurs. J'en parle, parce qu'il est doux de
parler de la tempête après que le calme est ré-
tabli, des fatigues d'une navigation périlleuse,
quand on est rentré au port. J'en ai parlé,
parce qu'il est consolant de s'entretenir d'an-
ciennes infortunes après avoir recouvré la paix
et le bonheur. Mesurer la profondeur de l'a-
bîme duquel on a été retiré, c'est, à mon sens,
honorer la main tutélaire dont on tient ce
bienfait ; et retrancher quelque chose dans le
récit des maux qu'on a endurés ou des dan-
gers qu'on a courus, ce seroit, ce me semble,
dérober au bienfaiteur une partie de sa gloire,
et affoiblir ce qu'on lui doit de reconnoisance.

Quoi d'ailleurs de plus propre à faire apprécier la situation présente, que le souvenir des orages et des troubles passés! Voyez, pourrai-je dire à ces esprits chagrins qui, en profitant des avantages recouvrés, s'obstinent à les méconnoître et exigent de Dieu plus que Dieu ne veut accorder; voyez l'état d'alors et l'état d'aujourd'hui; comparez, et jugez vous-même. La France gémissoit sous le joug d'une odieuse anarchie: elle respire sous la protection d'un Gouvernement réparateur. L'innocence et la vertu ne garantissoient pas de l'échafaud: la vertu et l'innocence, à l'abri de la persécution, n'ont plus rien à craindre. Des lois de sang entassoient les victimes dans les cachots: des lois justes assurent à chacun son repos et sa liberté. Tout étoit dans la confusion; tout est rentré dans l'ordre. Au dehors nos armées sont victorieuses; notre alliance est ambitionnée, une ligue puissante couvre nos frontières; au dedans une prévoyance sage maintient l'abondance, de grands travaux d'utilité publique se poursuivent sur tous les points de l'Empire, de nouvelles branches de

culture et d'industrie sont introduites ; les
arts encouragés recommencent à enfanter des
chefs-d'œuvre , d'heureuses combinaisons mé-
nagent à l'Etat d'immenses ressources , des mo-
numens s'élèvent pour éterniser la mémoire
de tous ces prodiges.... Et pour ne pas sortir
de mon sujet , la religion étoit proscrite ; nous
jouissons du bonheur de la voir rétablie. Ses
ministres étoient persécutés ; ils partagent aujourd'hui les distinctions que le prince accorde
aux services et au mérite. Les églises dégra-
dées se réparent : je vois cette grande basilique,
si dépouillée, si nue, il y a quelques années ,
enrichie d'ornemens qui annoncent une mu-
nificence royale ; nos cérémonies saintes ont
recouvré leur éclat et leur splendeur ; les sé-
minaires se peuplent et se dotent insensible-
ment; les études ecclésiastiques ont repris leur
cours , de grands desseins (1) se méditent pour

---

(1) Projet conçu par son Emin. monseigneur le cardinal Maury, du rétablissement d'une licence en théo-
logie , à laquelle seroit appelé un certain nombre de sujets ,
choisis au concours, dans chaque diocèse.

les rendre plus florissantes qu'elles ne l'ont
jamais été.

Je vous salue, jour mémorable où Dieu
prenant la France en pitié daigna lui susciter
un libérateur ! Je vous salue et je vous bénis,
jour plus mémorable encore, où après avoir
vaincu comme Gédéon, ce Libérateur, comme
un autre Néhémie, vint dans ce temple renouveler l'ancien pacte de la nation avec l'Éternel,
et redresser les autels du Christ renversés
de leurs bases ! Victoires remportées sur les
ennemis de l'État ! lauriers d'Austerlitz, d'Jéna,
de Wagram, de mille autres lieux ! journées fameuses, aujourd'hui en si grand nombre, que
vos noms seuls surchargeront les pages de
l'histoire ! nos neveux vous raconteront avec
orgueil, et jusque dans des siècles reculés,
le soldat français vous chantera avec enthou-
siasme : mais de quelque éclat que vous brilliez,
le nom du Héros vivra plus long - temps, sera
prononcé avec plus de reconnoissance, pour
les services rendus à la religion, et pour la res-
tauration du culte, que pour ses plus hauts

faits d'armes; parce que les vertus et les mœurs importent à l'État, bien plus encore que son agrandissement, et parce que tout ce qui a rapport à Dieu prend un caractère de sublimité majestueuse à laquelle, de quelque importance qu'on les suppose, ne peuvent jamais atteindre les choses humaines.

D'autres donc vanteront les palmes glorieuses sans doute, mais quelquefois chèrement achetées, dont se tresse la couronne des héros. Pour moi, apôtre d'un Évangile de paix, et ministre des autels, je ne dois parler en ce jour que de ce qui les concerne, et des grands actes de religion qui ont consacré leur rétablissement. Je commencerai par vous, cérémonie à jamais célèbre, où appelé par la Providence à fonder un empire nouveau, le Charlemagne de nos jours vint dans ce lieu même, prendre au pied de la croix du Sauveur, la couronne, marque de sa dignité auguste, pour reconnoître sans doute, en présence du Très-Haut, que c'est lui qui est le principe et le modérateur de toute autorité, qu'à lui seul appartient le souverain pouvoir; que les rois de la terre ne sont que les ministres et les délégués du roi du ciel (1), et que s'il veut, s'il ordonne que les peuples obéissent aux princes, il veut, il or- donne aussi que les princes obéissent à ses lois, rendent hommage à sa toute-puissance, et gou- vernent les peuples avec sagesse et justice.

Je vous citerai ensuite, témoignages reli- gieux de la gratitude du Monarque, pour le succès de ses armes, ordres envoyés du milieu des camps, d'en faire rendre à Dieu de solen- nelles actions de grâces ; je vous interpellerai, drapeaux appendus aux voûtes de ce sanctuai- re (2), dépouilles choisies! réservées comme dans les anciens temps pour être offertes au dieu des armées ; mais si je vous atteste, nobles

-----

(1) *Quoniam data est à domino potestas vobis et.....* *cum essetis ministri regni illius, non rectè judicastis.....* (Sap. vi, 4.)

(2) 45 drapeaux pris sur les Russes, déposés dans le sanctuaire de l'église de Notre-Dame, et confiés à la garde du chapitre métropolitain, en vertu d'une lettre de S. M. l'Empereur en date de Brünn, 20 frimaire an xiv (11 dé- cembre 1805).

prix du courage et de l'audace guerrière! si je vous atteste, c'est moins comme des trophées de gloire érigés à la valeur des braves, que comme un pieux monument de la reconnoissance du vainqueur, comme un humble aveu de sa part, que c'est Dieu qui décide de l'issue des combats, et qui donne à son gré ou ôte la victoire.

Je ne vous omettrai pas, sacrifice annuel d'expiation (1) fondé aux champs même de l'honneur, pour hâter le repos éternel de ceux que le glaive y moissonne; sollicitude vraiment chrétienne, louée dans le grand Judas Machabée (2) ; soin si conforme à la consolante croyance d'une autre vie, à une croyance professée depuis encore si solennellement dans une circonstance éminemment douloureuse (3);

---

(1) Service funèbre qui se célèbre chaque année, par ordre de l'Empereur, pour les braves tués à la bataille d'Austerlitz ou dans d'autres combats.

(2) *Sancta ergò et salubris est cogitatio pro defunctis exorare.* (II. Machab. xii, 46.)

(3) Dernières paroles de S. M. l'Empereur au grand-

soin, en un mot, si conforme à notre croyance sur les espérances futures ; car si l'on n'étoit pas persuadé, disent les saints livres, que ceux qui ont été tués ressuscitent, il seroit vain ou superflu de faire prier pour eux (1).

Mais je la célébrerai surtout, et les fastes religieux en consacreront l'éternelle mémoire ; je la signalerai comme un des beaux triomphes de la religion, comme un gage assuré de l'appui du Prince pour son maintien, cette autre cérémonie, également sublime et touchante, où, présenté par d'augustes parens aux onctions sacrées du baptême, le premier Rejeton d'une dynastie illustre, élevé sur les bras paternels, bien plus noblement que nos anciens monarques sur l'antique pavois, sur des bras invincibles et rayonnans de tous les genres de gloire, fut, aux acclamations d'un peuple immense,

---

maréchal-duc de Frioul, près d'expirer : *Mon ami, il est une autre vie!*

(1) *Nisi enim eos qui ceciderant, resurrecturos speraret, superfluum videretur et vanum orare pro mortuis.* (II. Machac. XII, 44.)

proclamé, je ne dirai pas seulement héritier du premier des trônes; mais encore disciple de l'Évangile, mais encore enfant de la foi, appelé par droit de succession, à porter un jour, à justifier sans doute, le titre glorieux de *Prince très-chrétien*, de *Fils aîné de l'Église*, et à en être le soutien le plus ferme.

Murs de cette enceinte, témoins de cette double inauguration qui promet à la foi catholique une longue suite de protecteurs ! dites uels cris d'allégresse, quels vifs applaudissemens se firent alors entendre; dites quelle joie, quelle ivresse, quels transports éclatèrent de tous côtés; et apprenez aux maîtres de la terre; à ceux que Dieu a préposés au gouvernement des empires, que si rien n'affermit davantage leur puissance que les principes religieux, rien aussi ne leur concilie plus d'amour, de vénération; rien ne leur acquiert, ne leur assure plus de popularité, une popularité plus durable, que l'attachement qu'ils montrent pour la religion ; que la part qu'ils prennent à ses cérémonies saintes et à ses pieuses pratiques, prosternés au pied des autels , et joignant leurs vœux et leurs prières , aux prières , et aux vœux de leurs peuples.

J'ai dit sur la foi des saintes Écritures, que les révolutions des empires sont l'un des fléaux que Dieu emploie dans sa colère pour punir les peuples du mépris de ses lois, et pour les rappeler à lui. J'ai montré, d'après les symptômes que ces mêmes Ecritures nous donnent comme les signes indubitables de cette colère, la France menacée d'une de ces grandes catastrophes , et de l'anéantissement de sa religion sainte ; péril, auquel néanmoins elle a échappé par une faveur spéciale du ciel. Que me reste-t-il maintenant à faire, Messieurs , qu'à vous inviter à rendre à Dieu de saintes et dignes actions de grâces pour ce bienfait signalé. Pénétrés d'une reconnoissance vive et profonde, admirons l'édifice politique , sorti miraculeusement de ses ruines, rajeuni pour ainsi dire , et plus imposant , plus majestueux que jamais. Félicitons-nous de le voir assis de nouveau sur ses plus fermes bases, sur les principes religieux et sur la morale publique, sans lesquels rien n'est solide, rien n'est d'accord dans la constitution des empires. Bénissons aussi la main puissante dont Dieu s'est servi pour opérer cette merveille, et nous préserver du sort de ces contrées d'où la foi a disparu, après y avoir long-temps fleuri.

Mais, délivrés de cet extrême danger, songeons à nous en garantir pour toujours. Ce ne sont pas des temples de pierre, ce ne sont pas des cérémonies seulement, et un encens stérile que Dieu demande de nous; c'est le cœur de ses créatures qu'il veut, et une adoration en esprit et en vérité. Si nous ne sommes chrétiens que de nom, si nous ressemblons à ce peuple dont parle Isaïe (1), qui n'honore Dieu que des lèvres; si nos hommages ne sont qu'un vain tribut payé à l'habitude et à la force des institutions humaines, craignons de nouvelles vengeances,

______

(1) *Eò quòd appropinquat populus iste ore suo, et labiis suis glorificat me, cor autem ejus longè est à me; et timuerunt me mandato hominum et doctrinis.* (ISAI, XXIX, 13.)

attendons - nous à de plus terribles extré-
mités.

Seigneur , éloignez de nous cette affreuse
disgrâce ; sauvez-nous du plus grand de tous
les malheurs, de celui d'allumer le feu de votre
colère, et d'encourir votre indignation. Vous
nous avez rendu le culte de nos pères, rendez-
nous aussi leur simplicité, leurs mœurs, leur
piété. La nation françoise a toujours été pour
les autres nations un modèle de civilisation ,
d'urbanité, de sentimens nobles et généreux ;
faites, ô mon Dieu ! qu'elle redevienne pour
elles encore un modèle de vertu et de zèle pour
votre sainte et divine religion.

Bienheureux Napoléon , martyr illustre dont
le nom resté inconnu parmi nous jusqu'à ces
derniers temps, quoiqu'inscrit dans les dip-
tyques du ciel , ne peut maintenant se pro-
noncer sans rappeler des idées de gloire et de
grands souvenirs, demandez à Dieu ces grâces
pour nous ; aidez de votre intercession la
France qui vous a mis au rang de ses protec-

teurs, et qui vous invoque aujourd'hui ! veillez sur les jours du grand Prince qui la gouverne, du précieux Enfant, objet de notre espoir, et dont vous êtes aussi le patron ! Veillez sur ceux d'une auguste Épouse, d'une auguste Mère, bien chère aux François à ces deux titres ; mais que sa piété et ses vertus leur rendent plus chère encore !

Et vous, divine Marie, vierge sainte ! c'est de votre éloge qu'auroit dû retentir aujourd'hui ce temple consacré sous votre nom ; c'est votre triomphe que ma bouche devoit annoncer ; c'est de la glorieuse Assomption qui vous a placée dans le ciel à côté de votre fils, qu'il eût convenu que j'entretinsse cet auditoire. Mais le rétablissement du culte de l'Homme-Dieu qui a daigné prendre une chair mortelle dans vos chastes et pures entrailles, n'est-il pas pour vous le plus beau triomphe ! *Rose mystérieuse !* (1) vous êtes le refuge des pécheurs (2), et c'est du retour de pécheurs égarés que nous

---

(1) *Rosa mystica.*

(2) *Refugium peccatorum.* } Prières de l'église.

faisons la fête. Vous êtes l'étoile de mer (1),
et nous venons dans ce temple nous réjouir de
la rentrée de malheureux naufragés au port du
salut. Vous êtes la source de la grâce divine (2),
et nous sommes assemblés ici pour remercier
Dieu de ce qu'il a daigné rouvrir aux Français
cette source salutaire. Vous êtes l'arche d'alliance (3) , et nous célébrons le jour anniversaire de l'alliance renouvelée avec Dieu et son
Christ. Divine Marie ! soyez garante de cet
heureux traité ; obtenez-nous, Vierge très-clé-
mente (4), obtenez-nous de votre fils d'y rester
toujours fidèles. Ainsi soit-il.

----

(1) *Maris stella.*
(2) *Mater divinæ gratiæ.*
(3) *Fœderis arca.*
(4) *Virgo clementissima.*

Prières de l'église.

FIN.

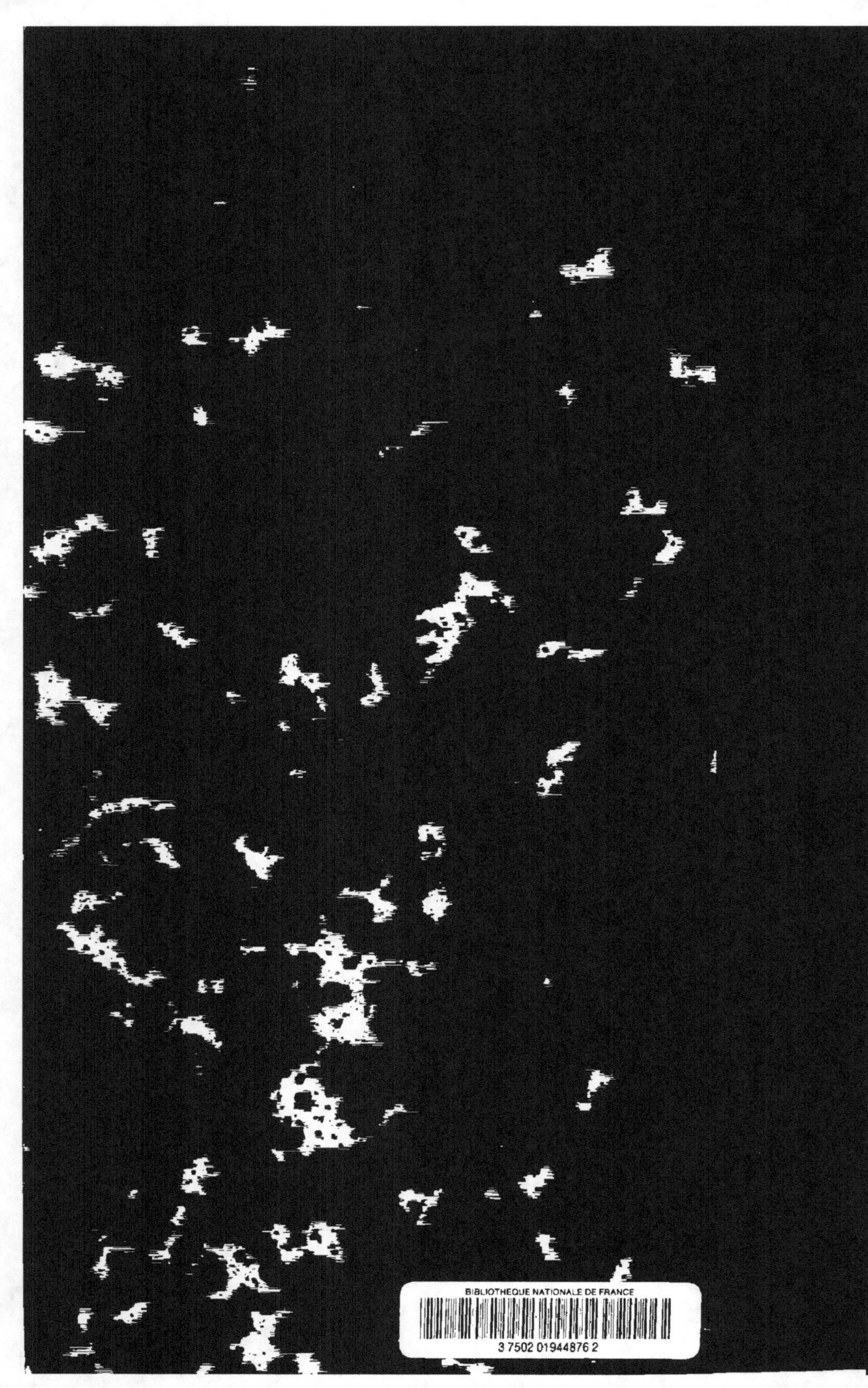